CANTIQUES
SPIRITUELS

A L'USAGE DES RETRAITES que l'on fait pour tous les Ouvriers des Ruës de Paris, à la Toussaint & à Pâques, dans les Paroisses de S. Benoît, S. Sulpice, S. Roch, S. Merry, S. Sauveur & S. Médard.

Ces Cantiques servent aussi pour les Catéchismes que l'on fait pendant l'année dans les mêmes Paroisses aux pauvres Enfans des Ruës de Paris.

A PARIS,

M. DCC. XLIV.

Avec Approbation & Permission.

Du saint usage qu'on doit faire des Cantiques.

LE Chant des Cantiques spirituels est très-ancien dans l'Eglise, puisque nous le voyons recommandé par S. Paul : *Instruisez-vous les uns les autres*, dit ce saint Apôtre, *par des Pseaumes, des Hymnes & des Cantiques spirituels, chantant en l'honneur de Dieu du fond de vos cœurs avec un esprit de reconnoissance.* S. Chrisostôme & plusieurs Peres ont entretenu ce pieux usage parmi les Fideles, ils y exhortoient les riches, les pauvres, les Artisans & les Ouvriers, regardant cet exercice comme un moyen très-propre pour penser à Dieu au milieu de leurs occupations. Les Peres, les Meres & les Maîtres, de quelque condition & de quelque état qu'ils soient, ne peuvent donc trop chanter ces Cantiques; ils doivent même se faire un plaisir & un devoir de les apprendre à leurs enfans & à ceux qui leur sont soumis, à la place de tant de chansons profanes, qui ne servent qu'à gâter l'esprit & corrompre le cœur. Par cette loüable pratique ils se rappelleront les verités de notre sainte Religion ; allumeront dans leur cœur le feu de l'amour divin au lieu de cet amour criminel que les mauvaises chansons inspirent; & en célébrant entr'eux les loüanges du Seigneur, ils feront dès-à-présent ce que nous esperons faire un jour pendant toute l'éternité.

Docentes & commonentes vosmetipsos psalmis, hymnis & canticis spiritualibus, in gratiâ cantantes in cordibus vestris Deo. cap. 3. ad Coloss. v. 18.

CANTIQUES SPIRITUELS,

Pour l'Ouverture de la Retraite.

Sur l'Air : *Du Systême.*

I. CANT.

UN Dieu vient se faire entendre,
Cher Peuple, quelle faveur !
A sa voix il faut vous rendre,
Il demande votre cœur :
Accourez, Peuple fidelle,
Venez à la Mission :
Le Seigneur qui vous appelle
Veut votre conversion.

Dans l'état le plus horrible
Le peché vous a réduits ;
Mais à vos malheurs sensible
Dieu vers vous nous a conduits :
Accourez, &c.

Sur vous il fera reluire
Une céleste clarté,
Dans vos cœurs il va produire
Le feu de la charité :
Accourez, &c.

Trop long-tems, helas, le crime
A, pour vous, eu des attraits :
Qu'un saint désir vous anime
A le bannir pour jamais :
Accourez, &c.

Loin de vous toute injustice,
Loin toute division,
Que par tout se rétablisse
La concorde & l'union :
Accourez, &c.

Aij

CANTIQUES

Du blasphême, du parjure
Marquez une sainte horreur :
Plus en vous de flamme impure,
N'aimez plus que la pudeur :
Accourez, &c.

Evitez l'intemperance,
Et tout plaisir criminel ;
Que chacun enfin ne pense
Qu'à son salut éternel :
Accourez, &c.

Sans tarder, changez de vie,
Sur vos maux pleurez, pécheurs,
C'est Dieu qui vous y convie,
N'endurcissez point vos cœurs :
Accourez, &c.

Ah ! Seigneur, qu'enfin se fasse
Ce désiré changement :
Dans les cœurs par votre grace
Venez agir fortement :
Brisez, ô Dieu de clémence,
Leur coupable dureté,
Qu'une sainte pénitence
Lave leur iniquité.

Sur la Pénitence.

Sur l'Air : *Depuis long-tems votre absence.*

II. CANT.

On le chante de deux vers en deux vers, & on le répete de même.

Pourquoi différér sans cesse ?
Dieu vous appelle aujourd'hui ;
Il vous exhorte, il vous presse ;
Revenez enfin à lui.
De votre état déplorable,
N'aurez-vous jamais horreur ?
Pleurez, pécheur miserable,
Pleurez sur votre malheur.

SPIRITUELS.

Du Seigneur par votre crime,
Vous méritez le courroux;
Voyez l'éternel abîme
Qui déja s'ouvre pour vous.
Du Ciel fuyez la vengeance;
Rentrez en grace avec Dieu;
L'Enfer ou la Pénitence:
Non, il n'est point de milieu.

Quelle illusion extrême
Jusqu'ici vous a séduit!
Seul ennemi de vous-même,
Vous aimez ce qui vous nuit.
Des Pécheurs suivant la trace,
C'est s'égarer trop long-tems :
Imitez ceux que la grace
A rendus vrais Pénitens.

Qu'apperçois-je ! dans Ninive,
Un grand Peuple consterné !
A la douleur la plus vive,
Je le vois abandonné :
Dans la cendre & le cilice,
Il a recours au Seigneur :
Le Seigneur se rend propice,
Il retient son bras vengeur.

L'esprit rempli de tristesse,
Le cœur vivement touché,
David déplore sans cesse
La grandeur de son peché;
Il mêle l'eau de ses larmes
Au pain dont il se nourrit,
Pour lui les pleurs ont des charmes,
Il en arrose son lit.

Pierre méconnoît son Maître,
Il devient blasphémateur,
Mais bien-tôt il fait paroître

Le repentir de son cœur.
De la femme pécheresse,
Voyez le parfait retour :
Ah ! quelle douleur la presse !
Sa douleur naît de l'amour.

Pour expier notre crime,
Que vois-je, un Dieu pénitent !
Jesus est notre Victime,
Il souffre, quoiqu'innocent.
Quel exemple, homme coupable,
Plus propre à vous animer ?
Sur ce modéle adorable,
Il est tems de vous former.

Votre cœur plein de malice,
S'est éloigné du Seigneur,
Qu'une si noire injustice
Vous pénétre de douleur :
Que ce cœur ingrat soupire,
S'il a pû se pervertir,
Qu'il se fende & se déchire
Par l'excès du repentir.

Plus d'attache criminelle,
Plus d'amour pour les plaisirs ;
Qu'en vous tout se renouvelle,
Nouveau cœur, nouveaux désirs.
D'un monde impur & profane
Ne suivez plus les attraits,
De tout ce que Dieu condamne,
Eloignez-vous pour jamais.

Dans vos maux, dans la souffrance,
Soumettez-vous au Seigneur,
D'une sévere abstinence,
Ne craignez point la rigueur.
Que le pauvre en sa misere
Soit aidé par vos bienfaits,

SPIRITUELS.

Du travail de la priere,
Occupez-vous désormais.

Que de votre pénitence
Rien n'interrompe le cours :
Le regret de votre offense
Doit, en vous, durer toujours.
Une paix inaltérable,
Un calme délicieux,
De ce repentir durable,
Sera le fruit précieux.

Du Jugement. III. CANT.

Sur un Air *de Trompette.*

J'Entends la trompette effrayante,
   Qui crie : ô vous, Morts, levez-vous :
Et qui dans un clein d'œil d'une voix foudroyante
Au Tribunal de Dieu nous assemblera tous.
   J'entends la trompette effrayante,
   Qui crie : ô Morts, levez-vous.

   J'entends la Trompette que l'Ange
   Fera retentir dans les airs ;
J'entens un son perçant, j'entens un bruit étrange
Qui fait trembler le ciel, la terre & les enfers.
   J'entends, &c.

   Tremblez, habitans de la terre,
   Tremblez, le Seigneur va venir ;
De sa part, ô pécheurs, nous vous faisons la guerre;
Il paroîtra bien-tôt, il viendra vous punir.
   Tremblez, &c.

   Rendez-vous devant votre Juge,
   Il va paroître en un moment ;
En vain pour échapper cherchez-vous du refuge;

Marginal notes:
La voix chante les deux premiers vers que les Ouvriers répétent : la voix chante les deux vers suivans, les Ouvriers reprennent une seconde fois les deux premiers.
La voix.
Les Ouvriers.
La voix.
Les Ouvriers.
La voix.

A iiij

CANTIQUES

Les Ouvriers.   Rois, peuples, grands, petits, venez au Jugement!
               Rendez-vous, &c.

※❀※

               Venez, descendez, Cour céleste;
               Saints Anges, suivez le Seigneur :
La voix.   Venez, feu, grêle, éclairs, vents, tempête funeste;
               Paroissez, armez-vous pour punir le pécheur.
Les Ouvriers.   Venez, &c.

※❀※

               Corps, unissez-vous à vos ames;
               Ames, rentrez vîte en vos corps;
La voix.   Ensemble vous irez au ciel ou dans les flammes;
               En vain pour échapper ferez-vous des efforts.
Les Ouvriers.   Corps, &c.

※❀※

               Sortez du profond des abîmes?
               Venez, ô monstres infernaux !
La voix.   Saisissez les Pécheurs, & pour punir leurs crimes,
               Préparez des tourmens, assemblez tous les maux.
Les Ouvriers.   Sortez, &c.

※❀※

               Ouvre, pécheur, ouvre l'oreille,
               Préviens un si malheureux sort;
La voix.   Celui qu'un si grand bruit & n'excite & n'éveille,
               Ne dort pas seulement, mais il est déja mort.
Les Ouvriers.   Ouvre, &c.

※❀※

               J'entends la trompette qui crie :
               O Morts, levez-vous promptement;
La voix.   Vous-même jugez-vous, changez, changez de vie,
               Et vous ne craindrez rien au dernier Jugement.
Les Ouvriers.   J'entends, &c.

IV. CANT. *Sentimens d'une ame qui, dégoûtée du monde, veut sincerement se donner à Dieu.*

Sur l'Air : *Nous aimons les plaisirs champêtres.*

EN secret le Seigneur m'appelle,
Et me dit, donne-moi ton cœur;

SPIRITUELS.

O mon Dieu ! vous voilà vainqueur,
Je vous ferai toujours fidéle,
O mon Dieu ! vous voilà vainqueur,
Le monde n'est qu'un perfide, un trompeur.

Tout finit, tout nous abandonne,
Les plaisirs s'en vont & les jeux :
Vous, Seigneur, n'êtes pas comme eux,
Prenez mon cœur, je vous le donne ;
Vous, Seigneur, n'êtes pas comme eux,
Pous vous seront désormais tous mes vœux.

Que sans Dieu l'homme est miserable !
Rien sans lui ne nous paroît doux,
Mais si-tôt qu'il est avec nous,
La peine même est agréable ;
Mais si-tôt qu'il est avec nous,
D'un mauvais sort on ne craint plus les coups.

Malheureux qui veut plaire aux hommes,
On n'a pas toujours leur faveur ;
Mais pour être amis du Sauveur,
Quand nous le voulons nous le sommes :
Mais pour être amis du Sauveur,
En un moment on obtient ce bonheur.

Le monde nous promet merveilles,
L'abord n'est qu'éclat, que beauté :
Mais après qu'il nous a flaté,
Quel est le fruit de tant de veilles ?
Mais après qu'il nous a flaté,
On voit trop tard qu'il n'est que vanité.

Ah ! Seigneur, dans votre service,
On n'a point de fâcheux retours :
On ne craint aucuns mauvais tours
De la brigue ou de l'artifice ;
On ne craint aucuns mauvais tours,
On voit couler tranquillement ses jours.

Ancienne, mais toujours nouvelle,
Ancienne & nouvelle beauté,
Je vous ai long-tems résisté,
J'étois un ingrat, un rebelle,
Je vous ai long-tems résisté,
Enfin, mon Dieu, vous l'avez emporté.

V. CANT. *Le Pécheur connoissant son état malheureux, demande à Dieu de l'en délivrer.*

Sur l'Air : *De la Musette de M. Marais.*

La voix chante les quatre premiers vers de deux en deux & les Ouvriers les répétent de même, la voix ensuite chante les 4 derniers vers suivans, dont les Ouvriers ne répétent que les deux derniers.

DANS quel état déplorable
Hélas ! me vois-je réduit !
Un cruel remords m'accable ;
Par tout le trouble me suit :
Ah ! peché, monstre exécrable,
Tes faux charmes m'ont séduit.
Dans quel état déplorable,
Hélas me vois-je réduit ?

Au gré d'un honteux caprice,
Je vis dans l'égarement :
Plein d'ardeur pour l'injustice,
Et pour Dieu, sans mouvement,
O Ciel, quelle est ma malice !
Quel est mon aveuglement !
Au gré

Le Seigneur souvent m'appelle
D'un ton rempli de douceur :
Sors de ta langueur mortelle,
Mon Fils, donne-moi ton cœur ?
Mais ce cœur toujours rebelle,
Ne lui montre que froideur.
Le Seigneur.

Dans ma longue résistance,
Veux-je donc perseverer ?

SPIRITUELS.

Sur l'horreur de mon offense,
Ne devrois-je point pleurer ?
Il faut qu'enfin je commence,
C'est trop long-tems differer.
Dans.

Ah ! que sens-je dans moi-même !
Quels orages ! quels combats !
Je voudrois, du mal que j'aime,
Pour toujours fuir les appas :
Mais quelle misere extrême !
Je veux, & je ne veux pas.
Ah ! que.

Sous l'affreux poids de mon crime,
Gémirai-je donc en vain ?
De mes maux triste victime,
N'en verrai je point la fin ?
Pour me tirer de l'abîme,
Ah ! qui me tendra la main :
Sous.

Dans cet état lamentable,
J'ai recours à vous, Seigneur,
Voyez d'un œil favorable,
Un trop malheureux Pécheur ;
Sans votre main secourable,
Je péris dans mon malheur.
Dans cet.

Grand Dieu, finissez ma peine,
De mes maux soyez touché :
Brisez la funeste chaîne
Qui tient mon cœur attaché :
Que d'une volonté pleine,
Je quitte enfin le péché.
Grand Dieu.

C'en est fait, malgré ses charmes,
Du peché je veux sortir:
Un Dieu finit mes allarmes,
Sa bonté se fait sentir :
Ah ! mes yeux fondez en larmes,
Faites voir mon repentir.   C'en est fait, &c.

CANTIQUES

VI. CANT. *Les regrets du Pécheur.*

Sur l'Air : *Malheureuses Créatures.*

La voix chante les deux premiers vers que les Ouvriers répetent, la voix continuë les 4. autres dont les Ouvriers répetent seulement : Quel malheur.

J'Ai péché dès mon enfance,
J'ai chassé Dieu de mon cœur ;
J'ai perdu mon innocence,
Quelle perte ! ah quel malheur !
Quel malheur, quel malheur,
J'ai chassé Dieu de mon cœur.

O qui mettra dans ma tête
Une fontaine de pleurs,
Sur la perte que j'ai faite,
Sur le plus grand des malheurs !
Quel malheur.

Ah ! que mon ame étoit belle,
Quand elle avoit sa candeur !
Depuis qu'elle est criminelle,
O Dieu, quelle est sa laideur !
Quel malheur.

Riche trésor de la grace,
Te perdant j'ai tout perdu,
Ah ! que faut-il que je fasse
Pour que tu me sois rendu ?
Quel malheur.

Ah ! ma douleur est extrême,
J'ai fait mourir mon Sauveur,
Et je l'apperçois lui-même
Me redemander mon cœur !
Quel malheur.

Grand Dieu pour qui je respire,
Qui voyez couler mes pleurs,
Faites qu'à vos pieds j'expire,
Ou terminez mes malheurs !
Quel malheur.

Gémissant sur mon offense,

SPIRITUELS.

Je reviens enfin à vous,
O grand Dieu plein de clémence,
Appaisez votre courroux.
Quel malheur.

Recevez ce Fils rebelle ;
Mais qui ne veut plus pécher,
Qui veut vous être fidelle :
Seigneur, laissez-vous toucher.
Quel malheur, &c.

Priere du Pécheur Pénitent à Jesus-Christ. VII. CANT.

Sur l'Air : *Vous brillez seule en ces retraites, &c.*

Divin Jesus, Dieu débonnaire,
 Sur un pécheur montrez votre bonté ;
C'est en vous que mon ame espere ;
 Pardonnez, pardonnez mon iniquité.

Se chante de deux vers en deux vers, & se répéte de même.

Loin du sentier de la justice,
Je n'ai vécu que dans l'égarement,
Dans les trompeurs appas du vice
J'ai cherché, j'ai cherché mon contentement.

C'est vous, Jesus, Maître adorable,
Hélas ! c'est vous que j'ai deshonoré :
Vous qui, pour sauver ce coupable,
Sur la croix, sur la croix avez expiré.

O cœur ingrat, plein de malice,
Tu n'as pas craint d'outrager ton Sauveur ;
Quand je pense à mon injustice,
Je voudrois, je voudrois mourir de douleur.

Voyez ma tristesse profonde,
Plein de regret, j'embrasse vos genoux,
Aimable Rédempteur du monde,

CANTIQUES

En pleurant, en pleurant j'ai recours à vous.

Rendez-vous sensible à mes larmes,
Sans vos bontés je ne puis que périr;
Grand Dieu, terminez mes alarmes,
De mes maux, de mes maux daignez me guérir.

Ah! que votre sang adorable
De mes forfaits efface la noirceur;
Quoique pécheur si misérable,
J'attends tout, j'attends tout de mon Rédempteur.

Pour vous à présent je veux vivre,
Est-il, Seigneur, un plus aimable sort?
Péché, je ne veux plus te suivre,
Ah! plutôt, ah! plutôt mille fois la mort.

Monde impur, monde abominable,
Ton faux bonheur ne peut plus me charmer,
Jesus me paroît seul aimable,
C'est lui seul, c'est lui seul que je veux aimer.

Dans le regret de mon offense,
Daignez, mon Dieu, toujours me soutenir;
Quelle que soit votre clémence,
Ma douleur, ma douleur ne doit point finir.

VIII. CANT.
La voix chantera les 4. premiers vers, que les Ouvriers répétent. La voix continuë les six autres, & on ne répétera que les 4. derniers qui font les mêmes que les 4. premiers de chaque couplet.

Sur l'amour de Dieu.

Sur l'Air : *Que n'aimez-vous, cœurs insensibles.*

Brûlons d'ardeur,
Brûlons sans cesse,
Brûlons d'ardeur
Pour le Seigneur ::
Tournons vers lui notre tendresse,
Lui seul mérite notre cœur.

SPIRITUELS.
Brûlons d'ardeur,
Brûlons sans cesse
Brûlons d'ardeur
Pour le Seigneur.

✤

Lui seul est grand,
Bon, équitable,
Lui seul est grand,
Saint, Tout-puissant,
Qu'il est parfait, qu'il est aimable !
Ah ! quel objet plus ravissant !
Lui seul.

✤

Aime, mon cœur,
Aime ton Maître,
Aime mon cœur,
Ton Créateur :
Pour l'aimer il t'a donné l'être ;
Lui-même il est ton Rédempteur.
Aime.

✤

Plein de bonté
Pour un coupable,
Plein de bonté,
De charité :
Un Dieu, dans son Sang adorable,
A lavé mon iniquité.
Plein.

✤

Viens m'animer,
Amour céleste,
Viens m'animer,
Viens m'enflammer,
Plein de dégoût pour tout le reste,
C'est mon Dieu que je veux aimer.
Viens.

✤

Quel doux penchant
Vers Dieu m'entraîne ?
Quel doux penchant
Mon cœur ressent ?
Vous m'aimez, Bonté Souveraine,

CANTIQUES

Pour vous serois-je indifferent ?
Quel.

  Tout mon désir,
  C'est de vous plaire,
  Tout mon désir,
  Tout mon plaisir :
A vous, mon Dieu, mon tendre Pere,
Je dois jusqu'au moindre soupir.
Tout.

  Ah ! quel bonheur,
  Quand on vous aime !
  Ah ! quel bonheur !
  Quelle douceur.
On goûte au-dedans de soi-même,
Une paix qui ravit le cœur.
Ah ! quel.

  Régnez en moi,
  Maître adorable,
  Régnez en moi,
  Souverain Roi,
Gravez d'un trait ineffaçable,
Dans mon cœur votre sainte Loi.
  Régnez, &c.

IX. CANT. *Sentimens d'amour envers Jesus-Christ.*

La voix chantera les quatre premiers vers, & les Ouvriers répétent les 2. derniers vers, ô divin, &c. ce qui se pratique à tous les couplets.

O Mon Divin Jesus, pour vous seul je soupire,
Rien ne plaît à mon cœur que votre doux empire,
O divin Jesus, aimable Sauveur,
Régnez à jamais, régnez dans mon cœur.

C'est vous qui le premier m'avez aimé moi-même,
Ah ! ne faut-il donc pas qu'à mon tour je vous aime.
O divin.

Si, tiré du néant, j'ai reçu la naissance,
Fils unique de Dieu, c'est par votre puissance,
O divin.

SPIRITUELS.

Mon orgueil insensé vous avoit fait la guerre,
Et vous êtes pour moi descendu sur la terre.
O divin. ✤

Pour moi, pour mon salut, ô faveur infinie !
Vous avez, sur la croix, voulu perdre la vie,
O divin. ✤

Sur nos Autels encore, à mes crimes propice,
Vous voulez vous offrir vous-même en sacrifice.
O divin. ✤

C'est de vous que me vient la grace qui m'éclaire,
La grace qui guérit de mon cœur la misere.
O divin. ✤

Enfin jamais pour moi votre amour ne se lasse,
Ah ! pour vous, ô mon Dieu, que faut-il que je fasse?
O divin. ✤

Il est juste du moins que par reconnoissance,
A vous aimer enfin aujourd'hui je commence.
O divin. ✤

Aimons donc le Sauveur, aimons-le sans partage,
Et tâchons chaque jour de l'aimer davantage :
O divin. ✤

Je vous aime bien tard, Rédempteur charitable,
D'un amour infini que ne suis-je capable !
O divin. ✤

O vous, cœurs aveuglés, aimez la créature,
Pour moi je veux brûler d'une flamme plus pure.
O divin. ✤

Mon cœur est prêt, Seigneur, il est prêt à tout faire,
Pour marquer qu'à vous seul il désire de plaire.
O divin. ✤

Qu'à l'avenir, mon Dieu, jamais je ne m'égare.
Que jamais le péché de vous ne me sépare.
O divin Jesus, aimable Sauveur,
Regnez à jamais, regnez dans mon cœur.

X. CANT. *Sentimens de piété envers la sainte Vierge.*

Sur l'Air : *Des Folies d'Espagne.*

Se chante de deux vers en deux vers, & se répéte de même.

O Vierge sainte, à jamais vénérable,
Reine élevée au plus haut rang des Cieux ;
Quelle douceur ! quel plaisir ineffable,
De célébrer votre nom glorieux !

Lorsque je pense, ô Vierge sans pareille,
Que notre Dieu veut vous devoir le jour ;
Mon cœur saisi d'une telle merveille,
Se sent pour vous tout pénétré d'amour.

Que dans tous lieux à jamais l'on publie,
Et vos grandeurs, & votre sainteté :
Que tout s'empresse à révérer Marie,
Le temple pur de la Divinité.

Du haut du Ciel, ô Mere charitable,
Jettez les yeux sur de pauvres pécheurs ;
Que par vos soins, notre Maître adorable
Daigne sur nous répandre ses faveurs.

Obtenez-nous, Avocate, puissante,
Un tendre amour pour votre Fils Jesus,
Obtenez-nous que, d'une ardeur constante,
Nous imitions vos célestes vertus.

XI. CANT. *Instruction pour les Ouvriers.*

Sur l'Air : *De Joconde.*

Se chante de deux vers en deux vers, & se répéte de même.

Vous qui vivez dans les travaux,
Qui souffrez l'indigence ;
Apprenez à rendre vos maux

Dignes de récompense :
Ayez toujours, chers Ouvriers,
Ayez dans la mémoire,
Que c'est par des maux passagers,
Qu'on arrive à la gloire.

Nous sommes faits pour le salut,
Seul il nous interesse,
N'ayons en tout point d'autre but,
Désirons-le sans cesse :
Pourvû qu'enfin nous parvenions
A la sainte Patrie ;
Qu'importe que nous endurions
Divers maux dans la vie.

Non, ce n'est point un vrai malheur,
D'être dans la bassesse,
C'est bien plutôt une faveur,
Lorsque Dieu nous y laisse :
Trop souvent les biens temporels,
La grandeur, l'abondance,
Font que pour les biens éternels
L'on n'a qu'indifference.

Connoissez donc votre bonheur,
Il est inestimable :
Votre état aux yeux du Seigneur,
N'a rien de méprisable :
Sur la Terre on a vû son Fils
Humble & pauvre lui-même
Marquer aux pauvres & aux petits,
Une tendresse extrême.

Mais pour éprouver les bontés
De ce Dieu débonnaire,
Ne formez, à ses volontés,
Aucun désir contraire :
Ne souffrez point en murmurant

Les peines de la vie :
A ceux qui sont dans un haut rang,
Ne portez point envie.

Adorez votre Créateur,
Rendez-lui tout hommage,
Que son amour, dans votre cœur,
Domine sans partage.
Pour le servir fidellement,
Sa grace est nécessaire,
Vous devez donc, & fréquemment,
Employer la priere.

Il vous faut passer les saints jours
Dans ce saint exercice,
Et surtout assistez toujours
Au divin Sacrifice ;
A recevoir les Sacremens,
Que vos ames soient prêtes,
Et fuyez les déréglemens,
Si communs dans les Fêtes.

De tous les devoirs du Chrétien
Aimez à vous instruire,
Hélas ! l'ignorance du bien
Où peut-elle conduire ?
Par-là souvent dans votre cœur,
Le desordre domine,
Entendez donc avec ardeur
La Parole divine.

De votre travail, chaque jour,
A Dieu faites l'offrande,
Rapportez tout à son amour,
De vous il le demande :
Dans la moindre occupation,

Si l'amour nous excite,
Par cette sainte intention;
C'est le Ciel qu'on mérite.

Loin de vous les divisions,
La haine, la vengeance,
Fuyez les imprécations,
Et toute médisance :
Ne formez jamais le dessein
De faire une injustice ;
Vivez à l'égard du prochain
Sans fraude & sans malice.

Ah! marquez une sainte horreur
De la moindre soüillure ;
Et ne souffrez, dans votre cœur
Aucune flamme impure :
Réglez vos inclinations,
Fuyez l'intempérance ;
Evitez les occasions
De perdre l'innocence.

Qu'enfin la crainte du Seigneur
Sans cesse vous remplisse ;
Pour sa Loy marquez votre ardeur,
N'aimez que la justice ;
Que dans vos peines, dans vos maux,
Dieu soit votre ressource,
Cherchez en lui le vrai repos,
Lui seul en est la source.

Avant que de commencer la Conférence.   XII. CANT.

Descendez, Esprit Créateur,   Se chante &
Venez pour éclairer notre ame ;   se répond de

CANTIQUES

<small>deux vers en deux vers ; les trois Cantiques sont sur le même Air.</small>

Faites naître dans notre cœur,
De votre amour la vive flamme ;
Esprit Saint, source de tout bien,
Formez en nous un cœur chrétien.

Pour implorer l'intercession de la Ste Vierge.

<small>Se chante & se répéte de 2. vers en 2. vers.</small>

Mere du Dieu de charité,
Daignez être aussi notre Mere ;
Obtenez-nous de sa bonté,
Une conversion sincere ;
Que ce soit notre seul désir,
De l'aimer & de le servir.

Après l'Exhortation.

<small>Se chante & se répéte de 2. vers en 2. vers.</small>

Que votre Parole, Seigneur,
Dans moi ne soit pas inutile ;
Gravez pour toujours dans mon cœur
Les verités de l'Evangile ;
Je me donne à vous dès ce jour,
Je ne veux plus que votre amour.

XIII. CANT. *A la Bénédiction du S. Sacrement.*

Sur l'Air : *Aimable Croix.*

<small>Une voix seule chante les trois premiers, que deux voix répetent, & de même les deux suivans.</small>

Sur cet Autel,
Ah ! que vois-je paroître !
Le Roi des Cieux, Jesus mon Maître
  Sur cet Autel !
Sainte Victime,
Vous expiez mon crime
  Sur cet Autel.

De tout mon cœur,
Dans ce sacré Mystere,
Je vous adore & vous révere
  De tout mon cœur.

Bonté suprême,
Que toujours je vous aime
De tout mon cœur.

Les Commandemens de Dieu. — XIV. CANT.

UN seul Dieu tu adoreras,
Et aimeras parfaitement.
Dieu en vain tu ne jureras,
Ni autre chose pareillement.
Et pense qu'il est tems de graver dans ton cœur
Pour ton bonheur,
La sainte Loi du Créateur.

On les chante & on les répéte de deux vers en deux vers.

✧

Les Dimanches tu garderas
En servant Dieu dévotement.
Tes pere & mere honoreras,
Afin que tu vives longuement.
Et pense qu'il est tems, &c.

✧

Homicide point ne seras,
De fait ni volontairement.
Luxurieux point ne seras,
De corps ni de consentement.
Et pense qu'il est tems, &c.

✧

Le bien d'autrui tu ne prendras
Ni retiendras à ton escient.
Faux témoignage ne diras,
Ni mentiras aucunement.
Et pense qu'il est tems, &c.

✧

L'œuvre de chair ne désireras
Qu'en mariage seulement;
Biens d'autrui ne convoiteras,
Pour les avoir injustement.
Et pense qu'il est tems de graver dans ton cœur,
Pour ton bonheur,
La sainte Loi du Créateur.

CANTIQUES SPIRITUELS.

XV. CANT. *Exhortation à la Jeunesse.*
Sur l'Air : *Ne m'entendez-vous pas.*
Se chante de deux vers en deux vers, & se répéte de même.

A Chercher le Seigneur,
Que votre cœur s'empresse
Montrez, chere Jeunesse,
Montrez tous votre ardeur
A chercher le Seigneur.

Lui seul doit vous charmer ;
Il est le bien suprême ;
Il vous aime lui-même ;
Ne faut-il point l'aimer ?
Lui seul doit vous charmer.

D'un jeune & tendre cœur,
O qu'il aime l'offrande !
A tous il la demande ;
Lui seul fait le bonheur
D'un jeune & tendre cœur.

O que son joug est doux !
Non, il n'a rien de rude ;
Une sainte habitude
Le rend charmant pour nous :
O que son joug est doux !

Commencez dès ce jour,
D'aimer un si bon Pere ;
Souvent pour qui differe,
Il n'est plus de retour :
Commencez dès ce jour.

Pour le bien ou le mal,
L'on est dans la vieillesse,
Tel que dans la jeunesse,
L'on suit un train égal,
Pour le bien ou le mal.

Fuyez les vains plaisirs
Que le monde présente,
Qu'une vie innocente
Fixe tous vos désirs.
Fuyez les vains plaisirs.

Aimez la pureté,
Quel bien plus estimable !
Rien n'est plus agréable
Au Dieu de sainteté.
Aimez la pureté.

Les enfans sans pudeur
Qui n'aiment que le vice,
Inspirent leur malice :
Fuyez avec horreur
Les enfans sans pudeur.

Pour bien régler vos mœurs,
Méditez la Loi sainte,
Ah ! qu'elle soit empreinte
Dans le fond de vos cœurs,
Pour bien régler vos mœurs.

O Dieu plein de bonté,
Garantissez sans cesse
Cette tendre jeunesse
De toute iniquité,
O Dieu plein de bonté.

Régnez seul dans leur cœur,
Soyez seul leur partage,
Et qu'en croissant en âge,
Ils croissent en ferveur :
Régnez seul dans leur cœur.

VU l'Approbation, permis d'imprimer. A Paris, le 16. Octobre 1737. HERAULT.

www.ingramcontent.com/pod-product-compliance
Lightning Source LLC
Chambersburg PA
CBHW060639050426
42451CB00012B/2676